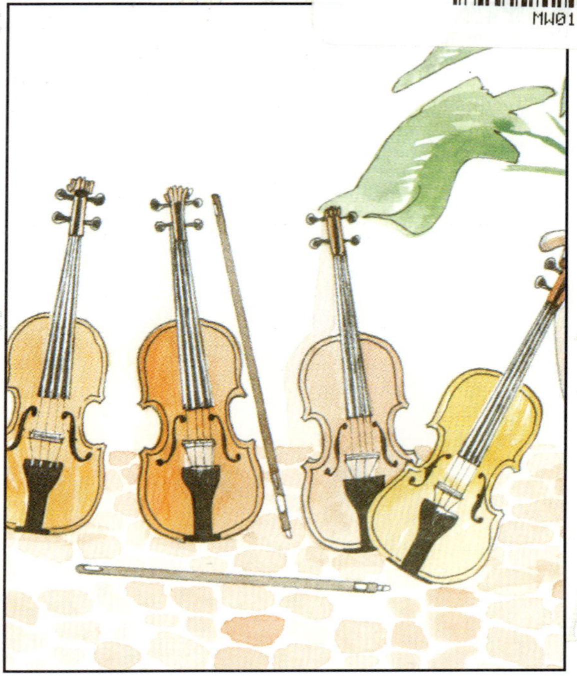

El conjunto

Carla Bowman

Ilustrado por
Michael Ramirez

span PRESS

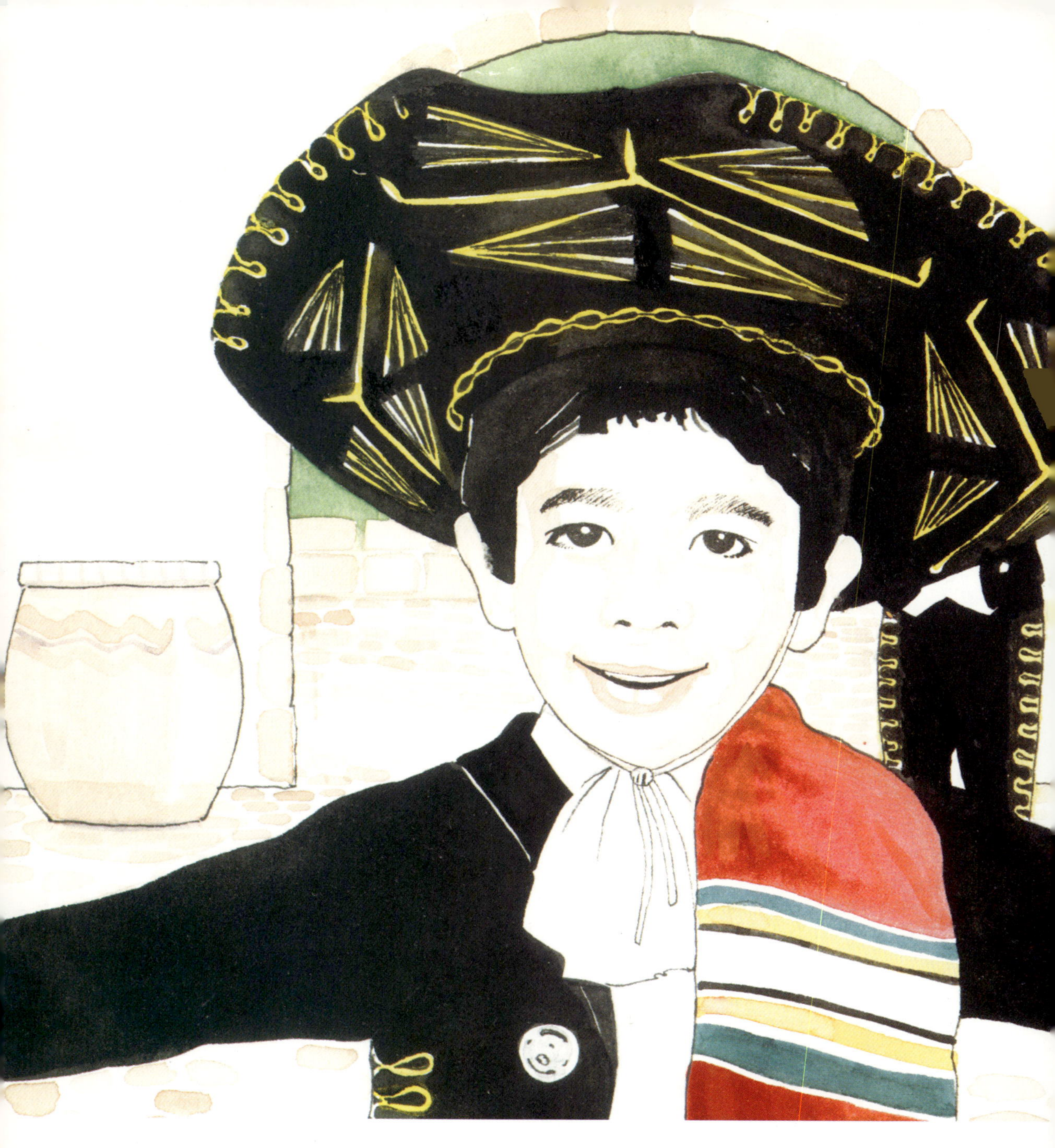

Un conjunto.

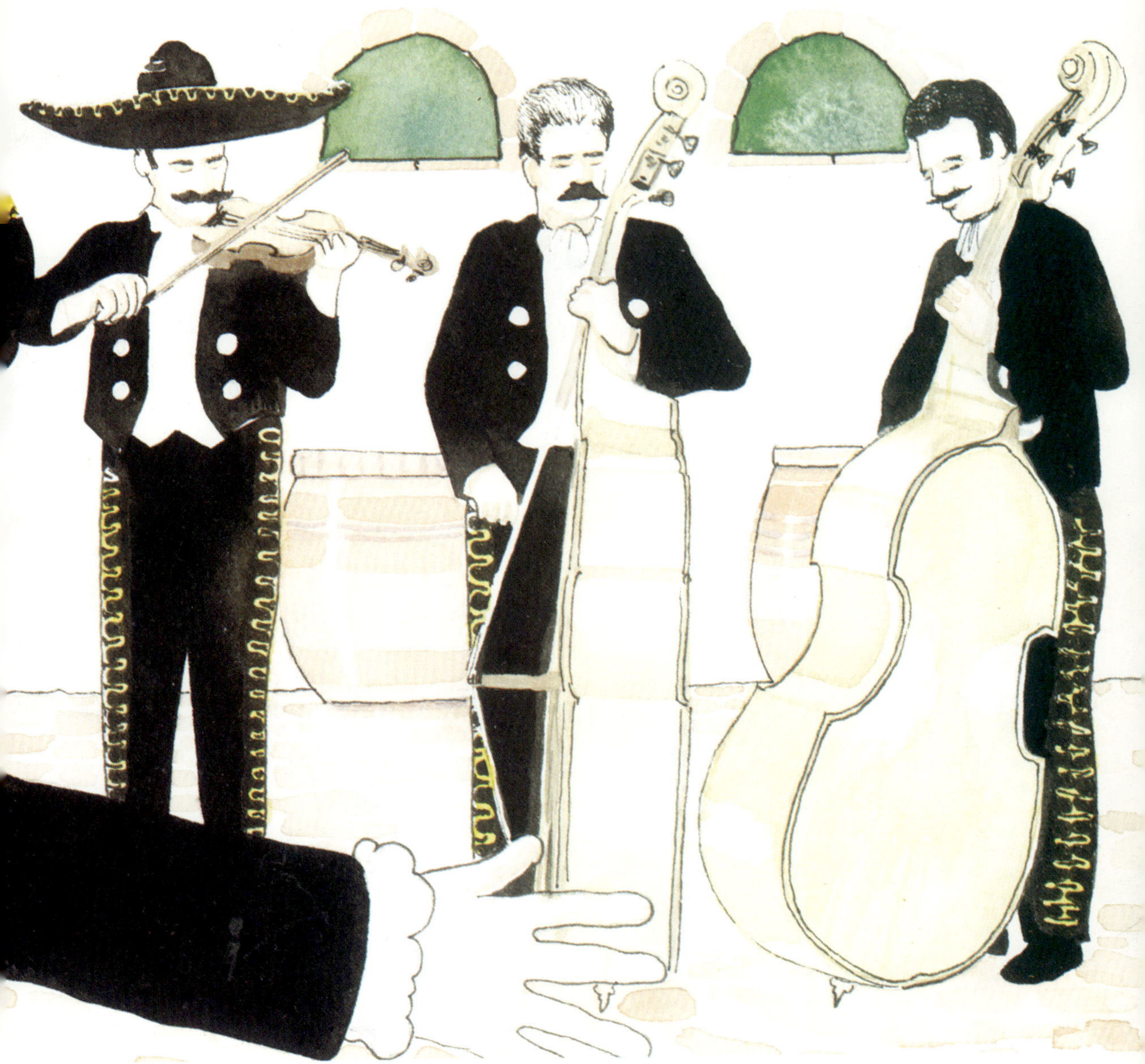

Dos bajos.

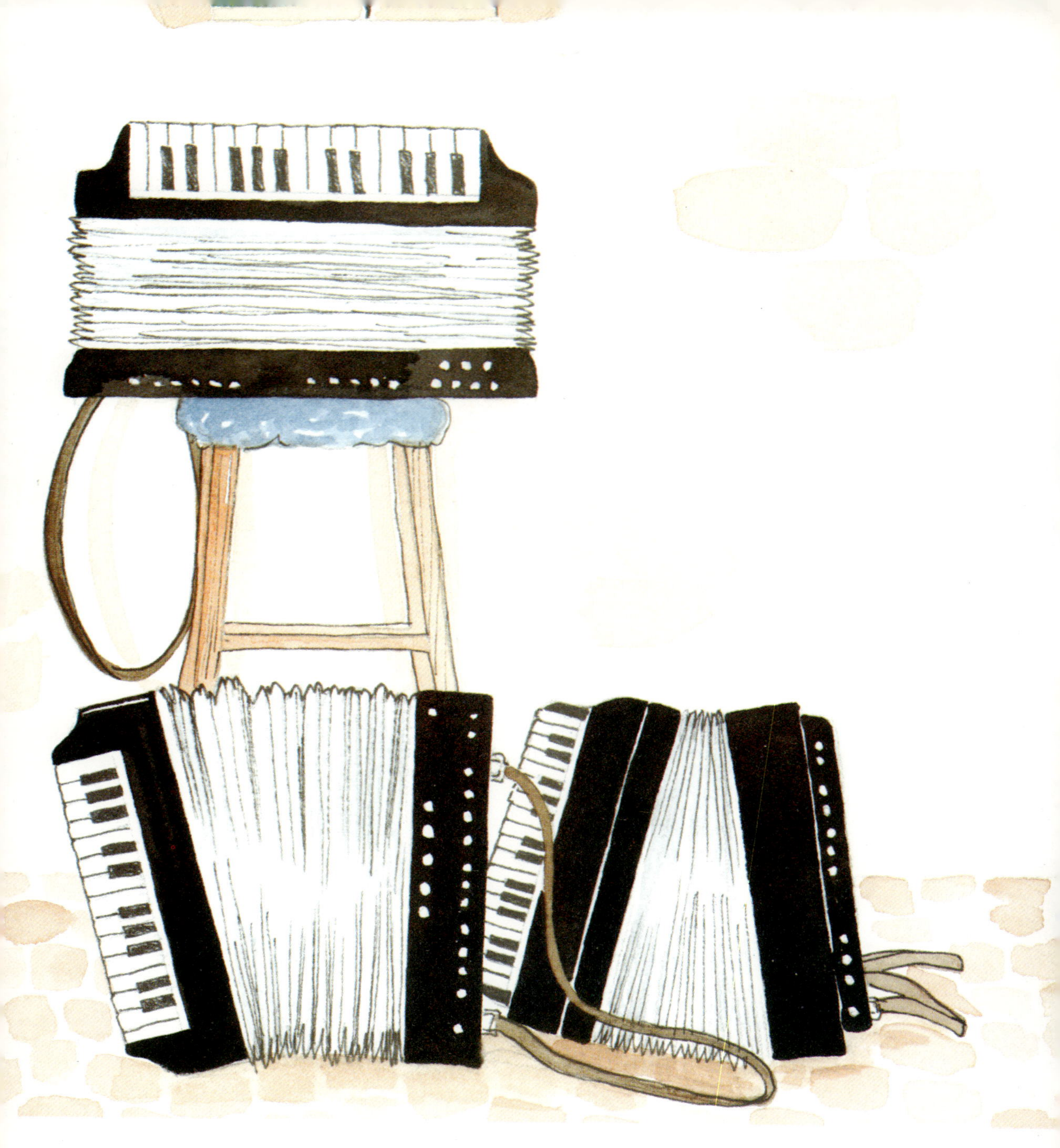

Tres acordeones.

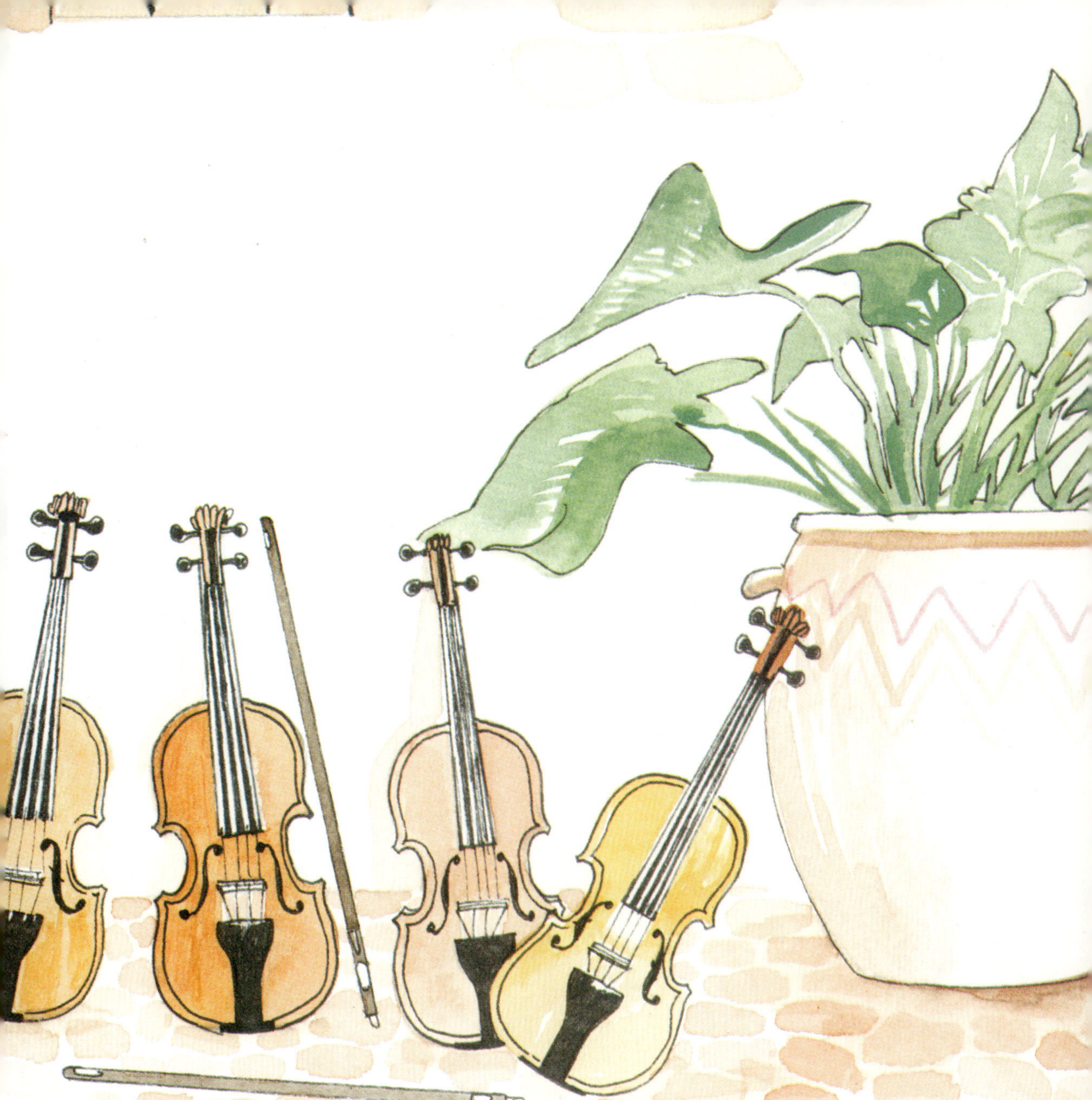

Cuatro violines.

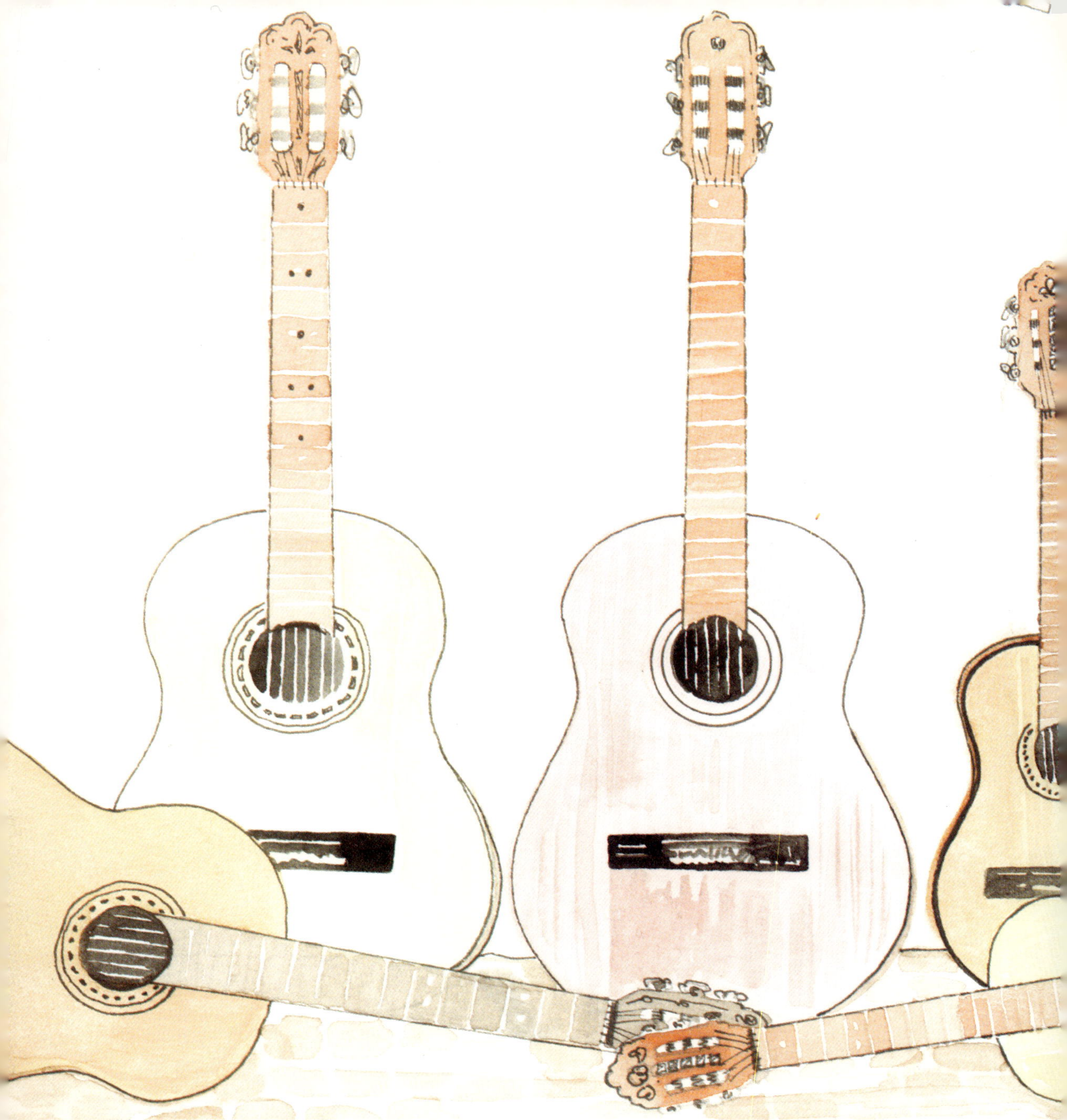

Cinco guitarras.

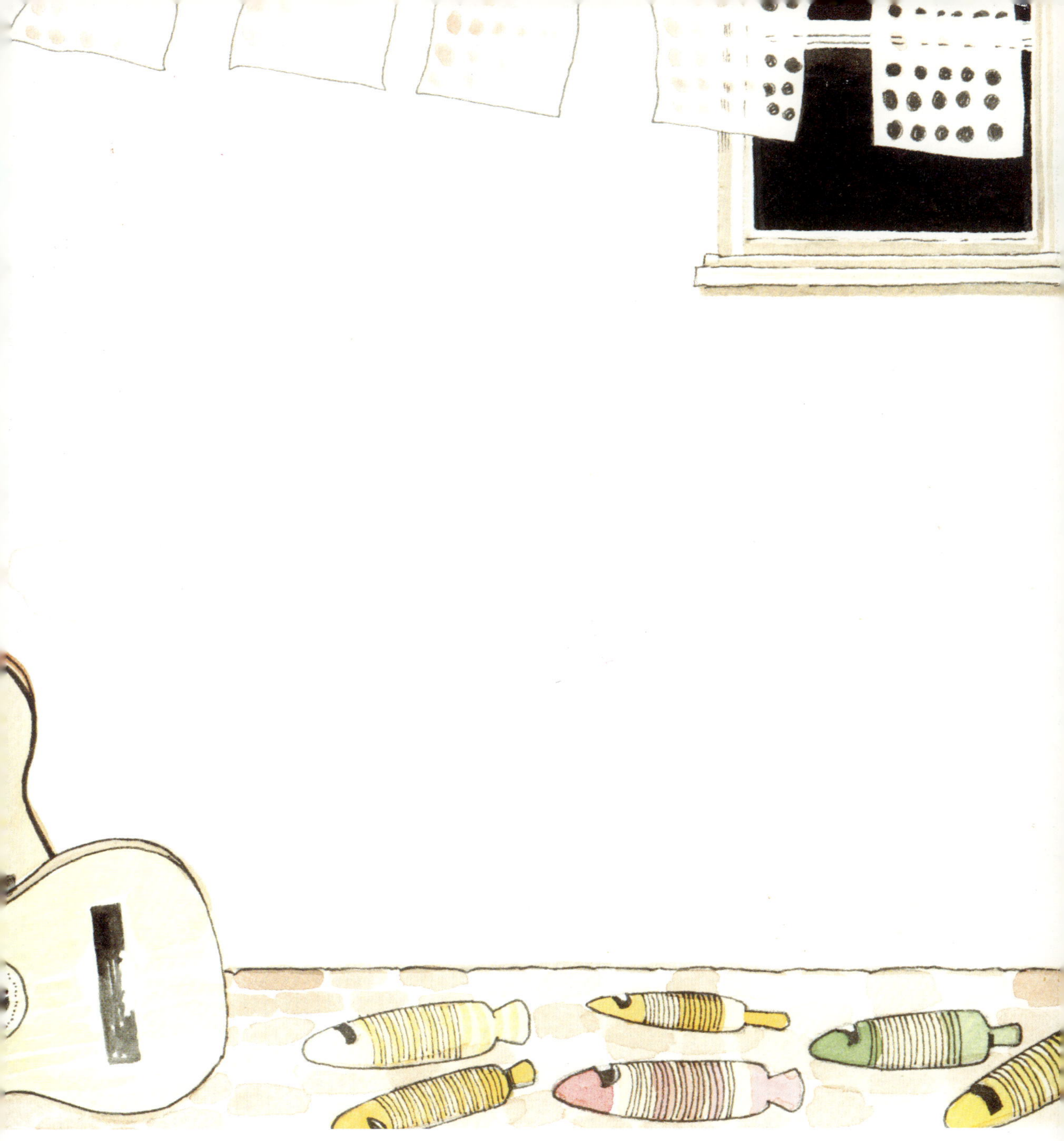

Seis raspas.

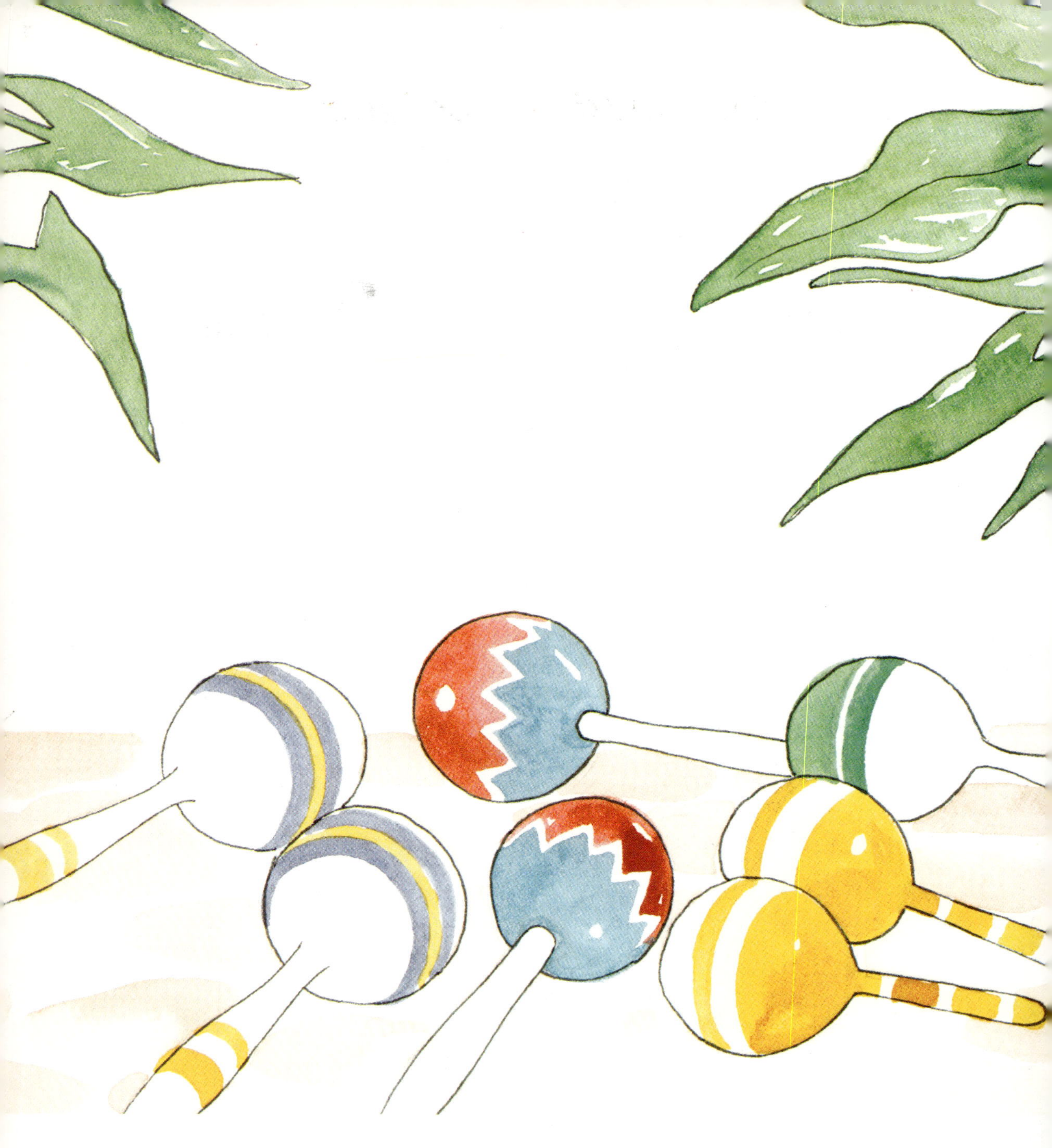

Siete maracas.